Veronika Pichl

SNACKS ZUCKERFREI *für Kinder*

Von süß bis herzhaft: Riegel, Energiekugeln, Gemüsewaffeln, Muffins und mehr

Bibliografische Information der Deutschen Nationalbibliothek
Die Deutsche Nationalbibliothek verzeichnet diese Publikation in der Deutschen Nationalbibliografie. Detaillierte bibliografische Daten sind im Internet über https://dnb.de abrufbar.

Für Fragen und Anregungen
info@m-vg.de

Wichtiger Hinweis
Ausschließlich zum Zweck der besseren Lesbarkeit wurde auf eine genderspezifische Schreibweise sowie eine Mehrfachbezeichnung verzichtet. Alle personenbezogenen Bezeichnungen sind somit geschlechtsneutral zu verstehen.

Originalausgabe
3. Auflage 2025

Türkenstraße 89
80799 München
Tel.: 089 651285-0

Redaktion: Ulrike Reinen
Umschlaggestaltung: Manuela Amode
Umschlagabbildungen Vorderseite: Shutterstock.com/zarzamora; Rückseite: Shutterstock.com/NatalyaBond, from my point of view, zi3000
Satz: Satzwerk Huber, Germering
Druck: Florjancic Tisk d.o.o., Slowenien
Printed in the EU

ISBN Print 978-3-7423-2219-7
ISBN E-Book (EPUB, Mobi) 978-3-7453-1994-1

Weitere Informationen zum Verlag finden Sie unter

www.rivaverlag.de

Beachten Sie auch unsere weiteren Verlage unter www.m-vg.de

INHALT

LIEBLINGSGERICHTE UND SNACKS OHNE ZUCKER

Alle Kinder lieben Süßes – das ist kein Geheimnis und darüber hinaus auch wenig verwunderlich: Selbst dann, wenn Eltern versuchen, ihren Nachwuchs nicht an den Geschmack von Schokolade und süßen Getränken zu gewöhnen, ist die Lust auf Süßes in jedem Menschen bereits angelegt. Das liegt daran, dass auch Muttermilch einen süßen Geschmack hat. Süß ist damit das erste Aroma, das wir kennenlernen.

Dass Kinder – und auch Erwachsene – Süßes lieben, ist daher ganz normal. Zu bedenken ist allerdings: Muttermilch schmeckt leicht und auf natürliche Weise süßlich – ganz anders als Schokolade, süße Aufstriche oder Eiscreme. Gelingt es, uns selbst und unsere Kinder (wieder) an natürliche Süße zu gewöhnen, reicht diese aus, um die Lust auf Süßes ganz einfach etwa mit süßem Obst oder Gemüse zu stillen. So wird es möglich, den Konsum von Industriezucker und anderen weniger gesunden Süßungsmitteln ganz ohne Verzicht zu reduzieren.

Warum es sinnvoll ist, den Konsum von Industriezucker und ähnlichen Süßungsmitteln einzuschränken, welche gesundheitlichen Vorteile sich daraus ergeben und warum dennoch niemand auf leckere süße Snacks verzichten muss, zeigt dieses Buch.

Industriezucker als Energiespender?

Ohne Glukose – einen Zuckerbaustein – können weder große noch kleine Menschen überleben. Glukose dient dem menschlichen Körper als Energiequelle und wird benötigt, um unseren Organismus lebendig und funktionsfähig zu erhalten. Dementsprechend sind Kinder – genauso wie Erwachsene – in gewisser Weise auf Zucker angewiesen.

Wichtig zu wissen ist allerdings: Zucker ist nicht gleich Zucker. Damit unserem Körper ausreichend Energie zur Verfügung steht, ist er nicht auf die Zufuhr von Lebensmitteln angewiesen, die besonders süß schmecken und Industriezucker enthalten. Das hat folgenden Grund:

Hinter Glukose und dem Zucker, den unser Körper täglich braucht, verstecken sich Kohlenhydrate. Gemeinsam mit Fetten und Eiweißen gehören Kohlenhydrate zu den Makronährstoffen und müssen über die Nahrung aufgenommen werden. Allerdings treten Kohlenhydrate (und damit Zucker) in verschiedenen Formen auf: Sie können als Einfach-, Zweifachzucker oder Mehrfachzucker in unseren Nahrungsmitteln vorkommen.

Einfachzucker können direkt verdaut und besonders schnell in verfügbare Energie umgewandelt werden. Zweifachzucker hingegen müssen während des Verdauungsvorgangs zerlegt werden. Ähnliches gilt auch für Mehrfachzucker. Allerdings ist der Verdauungsprozess hier noch aufwendiger, und es dauert länger, bis dem Körper Glukose als Energiequelle zur Verfügung steht. Prinzipiell können aber alle drei Kohlenhydratarten problemlos in Glukose umgewandelt und als Energielieferanten verwendet werden.

Das bedeutet: Auf Industrie- beziehungsweise weißen Haushaltszucker als Energiequelle ist der menschliche Körper nicht angewiesen – das gilt für Kinder genauso wie für Erwachsene. Vielmehr sind kohlenhydratreiche Lebensmittel als »Zuckerquellen« vollkommen ausreichend. Als Energie- und Zuckerlieferanten kommen daher insbesondere Getreide, Hülsenfrüchte, Obst, Gemüse oder Milchprodukte infrage – auch diese Lebensmittel enthalten nämlich Kohlenhydrate und somit Zucker.

Im Alltag und gerade für Kinder als Energiequelle besonders empfehlenswert sind dabei Mehrfachzucker. Sie geben ihre Energie während des Verdauungsprozesses erst nach und nach frei – auf diese Weise sorgen sie dafür, dass der Körper gleichmäßig und über einen längeren Zeitraum hinweg mit Energie versorgt bleibt. So halten sie zum einen besonders lange satt und sorgen dafür, dass Kindern über längere Zeit genügend Energie zur Verfügung steht, um sich etwa in der Schule konzentrieren zu können.

Greifen wird hingegen zu Lebensmitteln, die Einfachzucker enthalten (zum Beispiel Schokolade oder andere Süßigkeiten), liefern auch diese Lebensmittel Energie. Sie ist sofort verfügbar und lässt den Blutzuckerspiegel rasch ansteigen. Genauso schnell wie die Energie gekommen ist, ist sie allerdings auch wieder verbraucht: Der Blutzuckerspiegel sinkt rasch wieder ab, und es kommt erneut Hunger oder Lust auf Süßes auf. Das hat zum einen zur Folge, dass Kinder nach dem Genuss von Einfachzucker oft quengelig werden und nach mehr Süßem verlangen. Zum anderen sorgt die sofort verfügbare Energie aber auch dafür, dass die Konzentrationsfähigkeit schneller wieder nachlässt.

Warum wir Industriezucker meiden sollten

Zucker (in Form von Einfach- und Zweifachzucker) ist nicht lebensnotwendig. Ausreichend ist es vielmehr, Zucker in Form von Lebensmitteln, die natürlicherweise komplexe Kohlenhydrate enthalten, zu sich zu nehmen. Aber mehr noch: Insbesondere für Kinder ist es sinnvoll, Lebensmittel, die Industrie- beziehungsweise Haushaltszucker enthalten, sogar gezielt zu meiden!

Grund hierfür ist der Umstand, dass eine sehr hohe und regelmäßige Zuckerzufuhr

das Risiko, an verschiedenen Krankheiten zu leiden, drastisch erhöht. Zu den häufigsten Erkrankungen im Zusammenhang mit einem hohen Zuckerkonsum gehört gerade unter Kindern die Entstehung von Karies. Darüber hinaus kann er aber auch Übergewicht und Folgeerkrankungen wie Diabetes begünstigen oder eine regelrechte »Zuckersucht« auslösen.

Zucker und Übergewicht

Wird einem Lebensmittel künstlich Zucker zugesetzt, wird es nicht nur süßer. Vielmehr erhöht Zucker auch den Kaloriengehalt des Lebensmittels – der Nährstoffgehalt hingegen bleibt gleich. Das bedeutet: Außer einem süßen Geschmack und zusätzlichen Kalorien liefert der zugesetzte Industriezucker nichts, was für den Körper wert- oder sinnvoll wäre.

Im Gegenteil: Durch den zugesetzten Zucker steigt die Energiezufuhr insgesamt an. Überschüssige Energie wird dann in Form von Fett durch den Körper eingelagert – nicht selten hat das bereits bei Kindern Übergewicht und im weiteren Lebensverlauf verschiedene, mit dem Übergewicht verbundene Krankheiten (zum Beispiel Diabetes oder Herz-Kreislauf-Beschwerden) zur Folge.

Zucker weckt das Verlangen nach mehr

Ein hoher Zuckerkonsum führt oft dazu, dass Kinder und Erwachsene mehr Kalorien zu sich nehmen als sie über den Tag hinweg verbrennen – längerfristig kann so Übergewicht entstehen. Allerdings werden große wie kleine Kinder nicht gleich dick, weil sie sich gelegentlich ein Stück Schokolade gönnen. Vielmehr kommen Gewichtsprobleme durch ständigen und anhaltend zu hohen Zuckerkonsum und die damit verbundene, zu hohe Energiezufuhr zustande.

Schuld an einer ständigen und stets zu hohen Zucker- und Kalorienzufuhr ist die

»Zuckerspirale«. Das bedeutet: Essen wir gezuckerte Lebensmittel, steigt der Blutzuckerspiegel rasant an. Anschließend sinkt er schnell wieder ab. Das Absinken des Blutzuckerspiegels hat zur Folge, dass wir wieder hungrig werden – und Lust auf mehr Zucker bekommen.

Zucker macht also Lust auf noch mehr Zucker – bereits für Erwachsene ist es daher oft schwer, der Lust auf Süßes nicht nachzugeben. Es liegt auf der Hand, dass Kinder, die diese Zusammenhänge nicht verstehen können, bei Heißhunger auf Süßes noch extremer reagieren und noch schneller in der »Zuckersucht« gefangen sind.

Die Deutsche Gesellschaft für Ernährung (DGE) und die Weltgesundheitsorganisation (WHO) empfehlen, dass aktive Kinder nur maximal 10 Prozent der täglich aufgenommenen Energie aus Zucker beziehen sollten. Kinder im Alter von bis zu 12 Monaten sollten gar keine Lebensmittel mit zugesetztem Zucker bekommen.

Im Fall eines 7-jährigen Kindes würde diese maximal empfohlene Zuckermenge etwa 6 Teelöffeln täglich entsprechen. Erreicht wäre die maximale Zuckermenge allerdings bereits mit einem großen Glas Apfelsaft und einem gesüßten Joghurt.

Bereits an diesem Beispiel zeigt sich, dass viele Kinder deutlich mehr als die empfohlene Zuckermenge pro Tag aufnehmen. Zwar führt das nicht in jedem Fall zu Übergewicht – setzt aber die Süßschwelle schon in jungen Jahren deutlich herauf. Das bedeutet: Kinder gewöhnen sich früh an den süßen Geschmack der Lebensmittel mit zugesetztem Zucker und verlangen dementsprechend nach immer höheren »Zuckerdosen«.

Eignen sich »zuckerreduzierte« Lebensmittel, für eine gesündere Kinderernährung?

Für eine gesunde Kinderernährung, die gleichmäßige und lang anhaltende Energie liefert, ist es wichtig, auf Lebensmittel zu setzen, die Mehrfachzucker enthalten. Lebensmittel, die Einfachzucker in Form von Industriezucker enthalten, liefern hingegen schnell verfügbare Energie – diese »verpufft« aber auch besonders schnell wieder und macht uns so schnell wieder hungrig. Im Rahmen einer sinnvollen, ausgewogenen Ernährung sind daher Lebensmittel, die natürliche Kohlenhydrate statt Industriezucker enthalten, besonders wertvoll.

Allerdings gibt es mittlerweile viele Lebensmittel, die damit beworben werden, dass sie »ohne Zuckerzusatz«, »zucker-

frei« oder »weniger süß« sind. Üblicherweise sind das solche Lebensmittel, in denen klassischerweise aber viel Industriezucker steckt. Vor allem Eltern sind oft froh, eine zuckerreduzierte Variante klassischer Zuckerbomben zu finden. In ihrer Vorstellung können sie ihren Kindern durch die zuckerreduzierten Lebensmittel nämlich etwas Süßes ganz ohne schlechtes Gewissen gönnen. Die Realität sieht allerdings ganz anders aus – schließlich verbirgt sich hinter Begriffen wie »zuckerreduziert« oft etwas anderes als gedacht:

- »Zuckerarm« dürfen Lebensmittel genannt werden, die höchstens 5 Gramm Zucker pro 100 Gramm beziehungsweise 2,5 Gramm Zucker pro 100 Milliliter enthalten.
- »Zuckerreduziert« sind Lebensmittel, die bei gleicher oder niedrigerer Kalorienmenge zumindest 30 Prozent weniger Zucker als Vorgängerprodukte mitbringen.
- »Ohne Zuckerzusatz« sind Produkte, denen keine Einfach- oder Zweifachzucker nachträglich zugesetzt worden sind. Allerdings können die Produkte Mehrfachzucker, Süßstoffe oder Zuckeraustauschstoffe enthalten.
- »Zuckerfrei« bedeutet, dass ein Lebensmittel pro 100 Gramm beziehungsweise 100 Milliliter höchstens 0,5 Gramm Zucker enthält – das entspricht etwa einem Teelöffel Zucker pro Liter.
- Die Beschreibung »weniger süß« ist gesetzlich nicht geregelt. Wann genau ein Produkt »weniger süß« ist, darf der Hersteller daher selbst entscheiden. Die Produkte können daher durchaus viel Zucker enthalten.

Das bedeutet: Auch Produkte, die als »zuckerfrei« oder »weniger süß« beworben werden, enthalten dennoch Haushaltszucker. Anders kann das bei Produkten aussehen, die als »mit

Trauben- oder Fruchtzucker gesüßt« beworben werden. Doch sind diese Lebensmittel auch automatisch gesünder?

Lebensmittel, die mit Traubenzucker gesüßt werden, wird reine Glukose zugesetzt. Allerdings hat reine Glukose eine niedrigere Süßkraft als Haushaltszucker. Das bedeutet, dass oft eine größere Menge Traubenzucker benötigt wird, um eine ausreichende Süße zu erreichen. Mit Traubenzucker gesüßte Lebensmittel sind daher oft besonders kalorienreich.

Fruchtzucker (Fruktose) ist mittlerweile sogar als vermeintlich gesundes Süßungsmittel als Pulver erhältlich, liefert aber auch nicht weniger Kalorien als Haushaltszucker. Genauso wie Traubenzucker ist aber auch Fruchtzucker in Pulverform nicht gesünder als gewöhnlicher Haushaltszucker. Im Gegenteil: In beiden Fällen handelt es sich um schnell verfügbare Einfachzucker. Fruchtzucker-Pulver kann darüber hinaus bei empfindlichen Menschen sogar Verdauungsbeschwerden auslösen.

Auch Obst enthält Fruktose. Allerdings macht beim Verzehr von Obst das »Drumherum« den Unterschied. Konsumieren wir Fruchtzucker nicht isoliert als Pulver, sondern in Form von Apfel, Kirsche, Banane und Co., bringen diese wertvolle Vitamine, Mineral- und Ballaststoffe mit sich. Durch diese Zusammensetzung wird der Zucker aus Obst langsamer vom Körper aufgenommen als reiner Einfachzucker. Ebenso enthält Obst keine hochkonzentrierte Süße, wie man sie meist in hoch verarbeitenden Lebensmitteln vorfindet, oft auch noch kombiniert mit ungesunden Fetten, Auszugsmehlen und Zusatzstoffen. Genau aus diesem Grund ist es ratsam, Snacks für die Familie selbst zuzubereiten. So hat man die Inhaltsstoffe am besten im Blick und kann dauerhaft den Zuckerkonsum reduzieren.

Zucker versteckt sich auch dort, wo wir ihn nicht erwarten

Wer auf eine gesunde und zuckerreduzierte Kinderernährung achten möchte, kann sich nicht auf Werbeversprechen wie »weniger süß« oder Ähnliches verlassen. Außerdem reicht es nicht aus, lediglich Lebensmittel und Getränke, die süß schmecken, vom Speiseplan zu streichen. Das hängt damit zusammen, dass sich Zucker auch in vielen Lebensmitteln versteckt, die gar nicht süß schmecken.

Um den alltäglichen Zuckerkonsum effektiv zu reduzieren, kommen Eltern daher nicht umhin, die Zutatenlisten verwendeter Lebensmittel genau zu lesen. Schließlich versteckt sich auch in vielen herzhaften Fertiglebensmitteln –

vom Aufschnitt bis zur Gemüsebrühe – zugesetzter Industriezucker.

Dabei besonders tückisch: Zucker ist nicht immer als »Zucker« in der Zutatenliste eines Lebensmittels aufgeführt. Oft versteckt er sich auch hinter anderen Begriffen. Insgesamt kennt die Lebensmittelindustrie nämlich rund 70 verschiedene Begriffe, die allesamt nichts anderes als »Zucker« bedeuten. Um Zucker in Lebensmitteln zu enttarnen, hilft jedoch folgender Tipp:

Zutaten, deren Name auf »-sirup« oder »-ose« endet, sind Zucker. Das ist etwa bei Maltose, Laktose, Fruktose oder bei Fruktose- und Zuckerrübensirup der Fall. Außerdem können auch die Begriffe Malzextrakt oder Molkenpulver auf zugesetzten Zucker hinweisen.

Auf **happyfitfood.de/zuckerfreikids** finden Sie im Bonusbereich eine Übersicht von mehr als 50 Zuckerbegriffen.

Die Lust auf Süßes mit Zuckeralternativen auf gesunde Weise stillen?

Zugesetzter Industriezucker macht unruhig, quengelig und ist zudem schlecht für die Gesundheit. Viele Eltern setzen darum darauf, Haushaltszucker durch Zuckeralternativen wie Kokosblütenzucker, Honig oder Ahornsirup zu ersetzen. Doch sind diese Süßungsmittel wirklich immer eine sinnvolle Alternative?

Natürliche Zuckeralternativen wie Honig oder Kokosblütenzucker sind etwas gesünder als herkömmlicher Haushaltszucker. Während Haushaltszucker nämlich lediglich leere Kalorien liefert, bringen Ahornsirup, Honig und Co. zumindest einige für den Körper wertvolle Mineralstoffe mit. Zu bedenken ist allerdings: Auch natürliche Zuckeralternativen sind sehr kalorienreich und lassen den Blutzuckerspiegel rasch ansteigen. Auch sie bringen daher die klassischen »Zuckernachteile« mit sich.

Zuckeraustauschstoffe und Süßstoffe wie Erythrit oder Xylit sind hingegen weitestgehend kalorienfrei und lassen den Blutzuckerspiegel nicht oder nur wenig ansteigen. Außerdem verursachen sie keine Karies. Weder auf Zähne noch auf das Gewicht haben sie daher negative Primärauswirkungen. Zu bedenken ist allerdings, dass diese Süßungsmittel nur in Maßen genossen werden sollten. Zum einen können sie bei empfindlichen Menschen leicht Verdauungsbeschwerden hervorrufen. Zum anderen wird einigen Süßstoffen nachgesagt, dass sie den Appetit insgesamt anregen würden.

Zudem sollten Eltern selbst dann, wenn Zuckeraustauschstoffe von Kindern gut vertragen werden und keine Appetitsteigerung hervorrufen, Folgendes bedenken: Die Süßpräferenz, die vielen Menschen auch noch im Erwachsenenalter zu schaffen macht und leicht zu Übergewicht und gesundheitlichen Problemen führen kann, wird bereits im Kindesalter »antrainiert«. Wer bereits als Kind besonders süß isst und trinkt, möchte daran auch im Erwachsenenalter meist festhalten. Sinnvoller als der Austausch von Haushaltszucker gegen andere Süßungsmittel ist es daher, Kindern keine zu ausgeprägte Süßpräferenz anzutrainieren, sondern auf ein natürliches »Süßerlebnis« zu setzen. So fällt es Kindern leichter, mit weniger Süße zufrieden zu sein und ganz von allein auch im späteren Leben keine zu großen Zuckermengen zu sich zu nehmen.

Für ein natürlicheres Süßerlebnis setze ich in den Rezepten darum auf Zutaten wie Apfelmark, Trockenfrüchte, Dattelsüße oder auf süßes Obst und Gemüse. Diese dezentere Süße macht Cookies, Nicecream oder Muffins zu echten Leckereien – hilft aber gleichzeitig dabei, den Zuckerkonsum sowie das Zuckerverlangen ganz leicht zu reduzieren und zuckerbewusster zu leben. Die herzhaften Ideen zeigen Alternativen auf, um den kleinen Hunger der Kids auch mal ohne den klassischen süßen Snack zu stillen und so insgesamt zuckerbewusster zu leben.

Ich wünsche Ihnen und Ihren Kindern viel Spaß beim zuckerfreien Snacken!

 vegetarisch

 vegan

 glutenfrei

SÜSSE SNACKS

Mangopudding

FÜR 2 PORTIONEN

ZUTATEN

300 g reife Mango
2 TL Agar-Agar
100 ml Apfelsaft, Saft nach Belieben oder Wasser

1. Mango schälen, entkernen und in grobe Stücke schneiden, dann fein pürieren.
2. Agar-Agar in ca. 100 ml kalte Flüssigkeit (Apfelsaft) einrühren. Mangopüree in einen Topf geben und unter Rühren das Agar-Agar-Gemisch esslöffelweise dazugeben. Mindestens 2 Min. leicht köcheln lassen.
3. In 2 Dessertschälchen füllen oder beliebig portionieren. Für mindestens 4 Std. kalt stellen. Der Pudding wird erst beim Abkühlen fest.

Tipp: Nach Belieben mit anderen Früchten toppen: z. B. Erdbeeren, Kiwi, restliche Mangostücke oder 2–3 EL griechischen Joghurt pro Schälchen auf den abgekühlten, festen Pudding geben. Man kann auch gemahlene Gelatine anstatt Agar-Agar verwenden. Dazu den Saft bei kleiner Hitze erwärmen (Gelatine darf nicht kochen, sonst verliert sie ihre Gelierfähigkeit) und die Gelatine einrühren, bis sie sich aufgelöst hat. Dann von der Herdplatte nehmen und abschäumen.

Schokomousse

FÜR 2 PORTIONEN

ZUTATEN

- 1 reife Banane (ca. 120 g)
- 1 kleine reife Avocado (ca. 130 g)
- 2 EL Backkakaopulver, stark entölt
- 1 Prise Salz
- 2–3 EL Pflanzendrink oder Milch

1. Alle Zutaten in einem Mixer cremig pürieren.
2. Danach in 2 Schälchen füllen oder beliebig portionieren und genießen.

Tipp: Für etwas mehr Süße kann man 1 kleine Soft-Dattel oder 1 TL Dattel- oder Aprikosensüße (S. 90) mitpürieren. Anstatt der Banane kann man 3 Datteln verwenden und noch ca. 100 g griechischen Joghurt oder Skyr hinzufügen.

Schoko-Kokos-Bällchen

FÜR 10 STÜCK

ZUTATEN

- 100 g getrocknete Soft-Datteln
- 1 ½ EL Backkakaopulver, stark entölt
- 40 g Haselnusskerne
- 20 g feine Haferflocken
- 2–3 EL Kokosraspel

1. Alle Zutaten in einer Küchenmaschine zu einer klebrigen Masse zerkleinern. Die Konsistenz kann man selbst bestimmen: entweder feiner zerkleinern oder, für etwas mehr Biss, grob hacken.
2. Die Masse mit angefeuchteten Händen zu Kugeln formen, in Kokosraspeln wälzen und diese etwas andrücken. Dann mindestens 2 Std. im Kühlschrank abkühlen lassen.

Tipp: Anstatt Haselnüsse kann man auch Walnüsse oder Mandelkerne verwenden. Auch lecker: 1 TL Nussmus oder Mandelmus hinzufügen.

Wassermelonen-Slushie

FÜR 2 PORTIONEN

ZUTATEN

300 g Wassermelone

2–3 Erdbeeren (optional)

1. Fruchtfleisch der Melone in Würfel schneiden.
2. Erdbeeren waschen, Grün entfernen.
3. Früchte mindestens 5 Std. einfrieren.
4. Direkt vor dem Verzehr mit der Küchenmaschine grob zerkleinern.

Tipp: Der Slushie lässt sich auch sehr gut mit anderen wasserhaltigen Früchten wie Himbeeren oder Pfirsich herstellen. Mit frischer Minze und frischen Früchten garnieren.

Apfeltaler

FÜR 2–3 PORTIONEN

ZUTATEN

1 großer Apfel, nach Belieben süß (z. B. Royal Gala) oder säuerlich (z. B. Granny Smith)
200 g Magerquark
1 Ei
1 Msp. Vanillepulver
1 TL Dattel- oder Aprikosensüße (S. 90, optional)
1 Prise Zimt
30 g Mehl, z. B. Dinkelmehl oder Weizenvollkornmehl
½ TL Backpulver
2–3 EL Milch oder Pflanzendrink
Öl zum Backen

1. Apfel waschen, schälen und entkernen, dann in Stücke schneiden.
2. Magerquark, Ei, Vanille, Süße und Zimt verrühren.
3. Mehl und Backpulver hinzufügen und gut vermengen. Bei Bedarf noch 2–3 EL Milch oder Pflanzendrink einrühren, bis der Teig eine eher dickflüssige Konsistenz erreicht.
4. Öl in einer Pfanne auf mittlerer Stufe erhitzen. 5–6 Teigkleckse (jeweils 1–2 EL) in die Pfanne setzen und ca. 2 Min. anbraten lassen.
5. Dann Apfelstücke auf der Teigmasse verteilen und etwas eindrücken.
6. Sobald die Unterseite gebräunt ist, alle Taler wenden und in 5–7 Min. fertig backen.

Tipp: Die Taler kann man auch im Ofen bei 180 °C Umluft in ca. 20–25 Min. backen. Anstatt Mehl eignen sich ersatzweise gemahlene Haferflocken – einfach selbst mit Mixer zerkleinern. Die Dattel- oder Aprikosensüße lässt sich durch Zugabe von ½ reifen Banane oder 2 EL Apfelmark ersetzen.

Saftiges Bananen-Karotten-Nuss-Brot

FÜR EIN BROT MIT CA. 16–20 SCHEIBEN / KASTENFORM, 25 CM

ZUTATEN

- 200 g sehr reife Bananen
- 2 Eier
- 30 ml Öl, z. B. Rapsöl oder Sonnenblumenöl
- 100 g feine Haferflocken
- 100 g Dinkelvollkornmehl oder Dinkelmehl Type 630
- 2 TL Backpulver
- 50 g gemahlene Mandeln
- 50 g gehackte Walnüsse
- 100 g Karotten, geraspelt
- 1 TL Backkakaopulver

1. Backofen auf 180 °C Umluft vorheizen. Kastenform fetten oder mit Backpapier auslegen.
2. Bananen pürieren.
3. Eier und Öl verquirlen, Bananenpüree hinzufügen.
4. Restliche Zutaten unterrühren.
5. In die Kastenform geben und 30–35 Min. backen.

Tipp: Schmeckt als Snack z. B. in Scheiben, Streifen oder in Würfel geschnitten. Auch lecker mit Butter, Margarine oder Frischkäse oder einem Aufstrich wie Cashewcreme (S. 92) oder Dattel- oder Aprikosensüße (S. 90)

Karottencookies

FÜR 15–18 STÜCK

ZUTATEN

- 100 g getrocknete Soft-Datteln
- 150 g feine Haferflocken
- 100 g gemahlene Mandeln
- 1 TL Backpulver
- 1 ½ TL Zimt
- 1 Prise Salz
- 1 süßer Apfel, z. B. Royal Gala (ca. 150 g)
- 1 kleine Karotte (ca. 100 g)
- 30 g weiche Butter oder Kokosöl
- 1–2 EL Milch oder Pflanzendrink (optional)

1. Datteln mit heißem Wasser übergießen und ca. 15 Min. ziehen lassen.
2. Backofen auf 180 °C Ober-/Unterhitze vorheizen.
3. Trockene Zutaten mit dem Handrührgerät vermengen (die Haferflocken werden dadurch auch etwas zerkleinert).
4. Datteln abseihen und fein pürieren (bei Bedarf zum Pürieren 1–2 EL Wasser hinzufügen).
5. Apfel und Karotte waschen und abtrocknen. Den Apfel entkernen und schälen und beides fein raspeln.
6. Alle Zutaten vermengen und bei Bedarf noch etwas Milch oder Pflanzendrink hinzufügen. Die Masse sollte fest zu kneten und feucht sein.
7. Mit befeuchteten Händen zu runden Cookies formen und auf ein mit Backpapier belegtes Backblech geben.
8. Im Ofen 20–25 Min. backen.

Süßkartoffelbrownies

FÜR 9–12 STÜCK / BACK- ODER AUFLAUFFORM, 25 × 20 CM

ZUTATEN

- 400 g Süßkartoffeln, geschält
- 1 reife Banane (ca. 110 g)
- 70 ml Rapsöl oder Sonnenblumenöl
- 1 Ei
- 200 g Dattelsüße
- 80 g Mehl, z. B. Weizenvollkornmehl oder Dinkelmehl Type 630
- 50 g Backkakaopulver
- 1 TL Backpulver
- 1 Prise Salz

1. Süßkartoffeln waschen, abtrocknen und schälen. Dann in Würfel schneiden, mit heißem Wasser übergießen und in einem Topf weich kochen oder dämpfen. Anschließend abseihen, pürieren und auskühlen lassen.
2. Backofen auf 180 °C Ober-Unterhitze vorheizen.
3. Banane mit einer Gabel zerdrücken und zum Süßkartoffelpüree hinzufügen. Die restlichen feuchten Zutaten beimengen.
4. Mehl, Backkakaopulver, Backpulver und Salz miteinander vermischen, zu den feuchten Zutaten geben und zu einer homogenen Masse verrühren.
5. In eine mit Backpapier ausgelegte Form füllen und glatt streichen.
6. In den Ofen geben und 30–35 Min. backen.
7. Aus dem Ofen nehmen und nach Belieben in 9–12 Stücke schneiden.

Tipp: Anstatt Mehl kann man auch gemahlene Haferflocken oder gemahlene Mandeln verwenden. Die Dattelsüße lässt sich etwas reduzieren, wenn man den Anteil an reifen Bananen erhöht. Um die Banane zu ersetzen, kann man die gleiche Menge griechischen Joghurt oder Skyr unterrühren. Anschließend den Teig nochmals abschmecken und die Süße nach Belieben anpassen.

Haferflockenriegel

FÜR 12 STÜCK / BACK- ODER AUFLAUFFORM, 25 × 20 CM

ZUTATEN

- 150 g feine Haferflocken
- 15 g gepuffter Reis
- 20 g Kokosraspeln plus 1–2 TL zum Bestreuen
- 70 g getrocknete Cranberrys
- 100 g Erdnussbutter
- 120 g ungezuckertes Apfelmus
- 120 g Dattel- oder Aprikosensüße (S. 90)

1. Erst die trockenen Zutaten vermischen, dann die restlichen Zutaten untermischen und alles gut verkneten. Die Masse in eine mit Frischhaltefolie ausgekleidete Form drücken.
2. Für ca. 2 Std. im Kühlschrank fest werden lassen. Mit Kokosraspeln bestreuen und in 12 Rechtecke oder andere beliebige Portionen schneiden.

Tipp: Da die Haferflockenriegel nicht gebacken werden, sollten sie immer direkt aus dem Kühlschrank serviert werden. Alternativ kann die Masse auf einem mit Backpapier belegten Backblech bei 180 °C Umluft für ca. 7–10 Min. gebacken werden. Die Riegel halten sich im Kühlschrank für ca. 3–4 Tage. Ansonsten einfach einfrieren und über Nacht im Kühlschrank auftauen lassen.

Schoko-Zucchini-Muffins

FÜR 12 STÜCK / MUFFINBLECH MIT 12 MULDEN UND PAPIERFÖRMCHEN ODER 12 SILIKON-MUFFINFÖRMCHEN

ZUTATEN

- 200 g Zucchini
- 2 reife Bananen (ca. 200 g)
- 2 Eier
- 50 ml Öl, z. B. Rapsöl (alternativ Kokosöl oder weiche Butter)
- 3–4 TL Dattel- oder Aprikosensüße (S. 90)
- 1 Msp. Vanillepulver
- 150 g (gemahlene) Haferflocken
- 100 g gemahlene Mandeln
- 2 EL Backkakaopulver
- 1 ½ TL Backpulver

1. Backofen auf 180 °C Ober-/Unterhitze vorheizen.
2. Zucchini waschen, abtrocknen und fein raspeln. In ein sauberes Küchentuch geben und die Flüssigkeit gut ausdrücken.
3. Bananen schälen, in Stücke brechen und fein pürieren.
4. Mit Eiern, Öl, Süße und Vanillepulver verquirlen.
5. Dann restliche Zutaten hinzufügen und verrühren; auf 12 Muffinförmchen verteilen.
6. In den Ofen geben und 12–17 Min. backen.

Tipp: Anstatt gemahlene Mandeln schmecken auch gemahlene Haselnüsse. Falls man die Bananen ersetzen möchte, kann man 200 g Skyr oder griechischen Joghurt und etwas mehr Süße verwenden (abschmecken). Anstatt Dattelsüße kann man auch ca. 2 Soft-Datteln mit den Bananen pürieren.

Selbst gemachte Schokolade

FÜR CA. 150 G / SCHOKOLADENTAFEL- ODER PRALINENFORM

ZUTATEN

- 80 g Kakaobutter
- 30 g braunes Mandelmus oder Cashewmus
- 20 g Backkakaopulver
- 1 Prise Vanillepulver
- 1 Prise Salz
- 3–4 TL Dattel- oder Aprikosensüße (S. 90)
- getrocknete Früchte, Nüsse, Mandel- oder Cashewkerne, gehackt oder zerkleinert, zum Verzieren

1. Kakaobutter im Wasserbad schmelzen.
2. Mandelmus, Backkakao, Vanille und Salz hinzufügen und gut verrühren.
3. 3 TL Süße hinzufügen, abschmecken und bei Bedarf noch etwas nachsüßen.
4. In eine Schokoladentafel- oder Pralinenform gießen und nach Belieben mit getrockneten Früchten oder Nüssen verzieren. Dann mindestens 2 Std. im Kühlschrank auskühlen lassen.

Tipp: Die Schokolade schmeckt wie Eiskonfekt. Man kann sie in Formen gießen oder aber einfach auf eine mit Backpapier ausgelegte Auflaufform oder ein Backblech geben und nach dem Auskühlen zu Bruchschokolade brechen. Empfehlungen für kleine Schoko- und Pralinenformen finden Sie auf **happyfitfood.de/zuckerfreikids**.

Diese Schokolade kann man auch als Glasur z. B. für die Nussriegel (S. 46) verwenden. Direkt nach dem Erwärmen ist die Schokolade sehr flüssig. Falls man sie zum Verzieren verwendet, sollte sie etwas auskühlen, damit sie fester wird.

Erdbeer-Nicecream

FÜR 1 PORTION

ZUTATEN

1 reife Banane (ca. 100 g)
50 g reife Erdbeeren

1. Banane schälen und in Scheiben schneiden. Für mindestens 5 Std. in das Gefrierfach legen.
2. Erdbeeren waschen, abtrocknen und Grün entfernen.
3. Kurz vor dem Verzehr gefrorene Bananenstücke aus dem Gefrierfach nehmen und mit den Erdbeeren pürieren, dann gleich genießen.

Weitere Nicecream-Varianten:

- 1 Banane, 1 EL Erdnussmus, 1–2 EL Milch oder Pflanzendrink
- 1 Banane, 1 EL Backkakaopulver, 1–2 EL Milch oder Pflanzendrink
- 1 Banane, 50 g reife Früchte (z. B. Heidelbeeren, Mango, Himbeeren), 1–2 EL Milch oder Pflanzendrink

Tipp: Eine reife Banane sollte ausreichend Süße mitbringen. Falls nicht, kann man 1 TL Dattel- oder Aprikosensüße (S. 90) hinzufügen. Am besten, man legt sich einen Vorrat an reifen, gefrorenen Bananenstücken an und püriert sie dann nach Belieben z. B. mit frischen Früchten der Saison.

Wassermelonen-Pizza

FÜR 1 PORTION

ZUTATEN

150 g griechischer Joghurt
1 Prise Vanillepulver
1 TL Dattel- oder Aprikosensüße (S. 90, optional)
1 große Scheibe Wassermelone
eine kleine Handvoll Heidelbeeren
einige Himbeeren
einige Blätter frische Minze

1. Joghurt mit Vanillepulver und Süße verrühren und großzügig auf die Wassermelonenscheibe streichen.
2. Beeren und Minze waschen, abtrocknen und auf dem Joghurt verteilen.
3. In Stücke schneiden und genießen.

Weitere Varianten:

- 1 kleine Handvoll Heidelbeeren. Mit ca. 30 g Feta überbröseln.
- einige Heidelbeeren, Bananenscheiben und gehackte Walnüsse
- Stücke von Kiwi, Orange und Ananas
- einige Brombeeren, Bananenscheiben und Apfelstücke

Frozen-Joghurt-Stücke mit Früchten

FÜR 2–3 PORTIONEN

ZUTATEN

- 250 g Joghurt, z. B. griechischer Naturjoghurt (10 % Fett)
- 1 reife Banane
- Fruchtstücke nach Belieben, z. B. von Nektarine, Orange, Grapefruit, Kiwi oder einigen Weintrauben; Heidelbeeren, Himbeeren oder Erdbeeren

1. Joghurt mit Banane pürieren.
2. In eine mit Backpapier belegte Auflaufform oder einen Gefrierbehälter etwa 1 cm hoch einfüllen.
3. Früchte in Scheiben oder Stücke schneiden und bunt im Joghurt verteilen.
4. Ins Gefrierfach geben und mindestens 3 Std. gefrieren lassen.

Tipp: Am besten 5–10 Min. vor dem Verzehr aus dem Gefrierschrank entnehmen und leicht antauen lassen. Auch lecker ist ein Topping aus Früchten und Granola.

Haferkekse

FÜR CA. 15 STÜCK

ZUTATEN

- 50 g Mandelkerne
- 180 g feine Haferflocken
- 100 g ungesüßtes Apfelmark
- 2 EL Mandelmus oder Nussmus nach Belieben
- 2–3 TL Dattel- oder Aprikosensüße (S. 90)
- 2 EL Rosinen (optional)

1. Backofen auf 180 °C Ober-/Unterhitze vorheizen.
2. Mandeln hacken.
3. Alle Zutaten in eine Schüssel geben und gut verkneten.
4. Teigmasse mit befeuchteten Händen zu ca. 15 Kugeln formen.
5. Mit Abstand auf ein mit Backpapier belegtes Backblech geben und flach drücken.
6. Im Ofen 15–20 Min. backen.

Tipp: Die Rosinen kann man auch weglassen oder durch andere Zutaten ersetzen wie Mandelsplitter, Cranberrys oder gehackte Trockenfrüchte (z. B. Aprikosen).

Apfel-Kokosnuss-Kuchen

FÜR CA. 10 STÜCKE / KASTENFORM, 22 CM

ZUTATEN

- 200 g ungezuckertes Apfelmark oder Apfelmus
- 250 g Kokosnussmilch
- 1 Ei
- 90 g Dattel- oder Aprikosensüße (S. 90)
- 100 g Vollkornmehl, z. B. Dinkelvollkornmehl
- 100 g Dinkelmehl Type 630
- 1 TL Backpulver
- 1 TL Zimt
- 1 Prise Salz
- 4 mittelgroße Äpfel (ca. 400 g, geschält und entkernt)
- 1 TL Zitronensaft
- 20 g Kokosraspel (optional)

1. Backofen auf 180 °C Umluft vorheizen.
2. Apfelmark, Kokosnussmilch, Ei und Dattelsüße miteinander vermengen. Mehle, Backpulver, Zimt und Salz vermischen, zu den feuchten Zutaten geben und zu einer homogenen Masse verarbeiten.
3. Äpfel waschen, abtrocknen, schälen, entkernen, längs und quer halbieren und in Scheiben schneiden. Mit Zitronensaft beträufeln und zusammen mit den Kokosraspeln unter die Teigmasse mischen.
4. In eine mit Backpapier ausgelegte Kastenform füllen, glatt streichen und im Ofen ca. 50 Min. backen.
5. Hitze ausstellen und Kuchen bei geschlossener Tür noch 10 Min. im Ofen belassen. Dann zum Auskühlen auf ein Gitter stellen und nach ca. 20–30 Min. aus der Form nehmen.

Tipp: Auch lecker mit Birnen anstatt Äpfeln. Schmeckt als Snack z. B. in Scheiben, Streifen oder in Würfel geschnitten.

Nussriegel

FÜR 6 KLEINE RIEGEL

ZUTATEN

- 100 g getrocknete Soft-Datteln
- 50 g getrocknete Soft-Aprikosen oder Soft-Datteln
- 30 g (blanchierte) Mandelkerne
- 30 g Walnüsse
- 20 g Nuss-Mix mit Rosinen oder Cranberrys (optional)
- 30 g feine Haferflocken
- 1 Msp. Vanillepulver
- 1 Prise Salz

1. Backofen auf 180 °C Ober-/Unterhitze vorheizen.
2. Datteln und Aprikosen mit 5–7 EL Wasser fein pürieren.
3. Mandeln und Walnüsse fein hacken. Den Nuss-Mix ebenfalls hacken, aber etwas gröber belassen.
4. Alle Zutaten zu einer breiigen Masse vermischen und auf ein mit Backpapier ausgelegtes Backblech etwa 1 cm hoch streichen (ca. 15 × 15 cm).
5. Im Ofen 20–25 Min. backen.
6. Herausnehmen, abkühlen lassen und in Riegel oder Happen in beliebiger Größe schneiden.

Tipp: Die Zutaten einfach nach Belieben austauschen, z. B. durch Dinkelflocken, Quinoaflocken, gepoppten Amaranth, Haselnüsse, Erdnüsse, Kokosraspel, Kürbis- oder Sonnenblumenkerne oder Sesamsamen. Auch lecker: Riegel der Länge nach etwa zur Hälfte in selbst gemachte Schokolade (S. 36) tauchen und im Kühlschrank auskühlen lassen.

Die Riegel sind sehr energiereich. Darum kann man auch kleinere Nusshappen daraus schneiden oder z. B. als Zwischensnack Naturjoghurt mit ein paar Beeren mixen und einen Nussriegel darüberbröckeln.

Die Riegel halten sich im Kühlschrank für ca. 4–5 Tage. Ansonsten einfach einfrieren und über Nacht im Kühlschrank auftauen lassen.

Apfelkleckse

FÜR 20–25 STÜCK

ZUTATEN

- 100 g Apfel
- 1 TL Zitronensaft
- 120 g feine Haferflocken
- 50 g gemahlene Mandeln
- 50 g Mehl, z. B. Dinkelvollkornmehl, oder Haferflocken
- 1 Prise Zimt
- 1 Msp. Vanillepulver
- 1 TL Backpulver
- 40 g weiche Butter oder Margarine
- 2 TL Dattel- oder Aprikosensüße (S. 90)
- 70(–100) ml Milch

1. Backofen auf 170 °C Umluft vorheizen.
2. Apfel waschen, Kerngehäuse entfernen, schälen und in kleine Würfel schneiden, dann mit Zitronensaft beträufeln.
3. Trockene Zutaten vermischen, dann Butter, Süße und 70 ml Milch hinzufügen und vermengen.
4. Apfelstücke untermischen und bei Bedarf noch etwas Milch nachgießen.
5. Mit befeuchteten Händen 20–25 Kleckse formen und auf ein mit Backpapier belegtes Blech geben.
6. Im Ofen 15–20 Min. backen.

Tipp: Nach Belieben variieren, z. B. durch Zugabe von 1–2 EL Rosinen, einigen Mandelsplittern oder gehackten Walnüssen. Auch lecker mit Birnenstücken anstatt Apfel.

Himbeerkugeln

FÜR 10–12 STÜCK

ZUTATEN

- 60 g TK-Himbeeren
- 50 g getrocknete Soft-Datteln
- 60 g Haferflocken
- 20 g Kokosraspel plus 2–3 EL
- 10 g Mandelmehl oder gemahlene Mandeln
- 10 g Mandelmus oder Nussmus nach Belieben
- 1 Prise Salz

1. Alle Zutaten in einem Mixer fein zerkleinern.
2. Mit angefeuchteten Händen zu Kugeln formen.
3. Nach Belieben in Kokosraspeln wälzen und mindestens 1 Stunde in den Kühlschrank geben.

Tipp: Im Kühlschrank lagern. Man kann die Kugeln auch in gemahlenen Mandeln oder Backkakaopulver wälzen.

Kürbissemmeln

FÜR 8 STÜCK

ZUTATEN

- 300 g Kürbispüree oder gekochter, gestampfter Kürbis
- 7 g Trockenhefe oder 21 g Frischhefe
- 500 g Mehl, z. B. Dinkelvollkornmehl oder Dinkelmehl Type 630
- 100 ml Raps- oder Sonnenblumenöl
- 2 TL Dattelsüße (S. 90) (optional)
- 1 TL Salz
- 1–3 EL Milch oder Pflanzendrink
- 1 Eigelb
- Küchengarn zum Formen

Tipp: Die Brötchen sind softig-weich und schmecken leicht süßlich durch den Kürbis und die Dattelsüße. Die Dattelsüße kann man aber auch weglassen für eine herzhaftere Variante. Dazu schmeckt Frischkäse, Butter oder ein Aufstrich oder Belag nach Belieben. Ein Video-Tutorial für die Kürbissemmeln finden Sie auf **happyfitfood.de/zuckerfreikids**.

1. Alle Zutaten bis auf Milch und Eigelb verkneten. Falls der Teig noch zu trocken ist, esslöffelweise Milch hinzufügen, bis er eine glatte Konsistenz erreicht hat. Zu einer Kugel formen, in eine Schüssel geben und mit Frischhaltefolie oder einem feuchten Küchentuch abdecken. Circa 1 Stunde an einem warmen Ort gehen lassen, bis sich der Teig etwa verdoppelt hat.
2. Backofen auf 180 °C Ober-/Unterhitze vorheizen.
3. Teig in 8 etwa gleich große Stücke teilen. Diese jeweils zu runden Brötchen formen.
4. 8 Küchengarne mit einer Länge von etwa 80 cm abschneiden.
5. Ein Küchengarn auf die Mitte eines Brötchens legen, das Brötchen dann mit dem Garn umdrehen und auf der aktuellen Seite kreuzen und etwas zusammenziehen. Brötchen nochmals drehen und den Vorgang weitere 3-mal wiederholen. So entstehen 8 etwa gleich große Abschnitte und man kann die Kürbisform bereits erkennen. Das Garn nicht zu fest anziehen, der Hefeteig geht noch auf und schneidet sonst sehr tief in das Brötchen ein. Auf der Oberseite verknoten und die Enden abschneiden.
6. Mit den restlichen Brötchen ebenso verfahren und auf ein mit Backpapier belegtes Backblech geben.
7. Eigelb mit 1 EL Milch verquirlen und Brötchen damit bestreichen.
8. Im Ofen ca. 15–20 Min. backen. Auskühlen lassen und das Küchengarn entfernen.

HERZHAFTE SNACKS

Bunte Falafel-Spieße

FÜR 4–6 SPIESSE

ZUTATEN

Für die Falafelbällchen:

1 Dose Kichererbsen (ca. 275 g Abtropfgewicht)
½ Bund Petersilie
1 kleine Zwiebel oder 1 Schalotte
1–2 Knoblauchzehen
1 TL gemahlener Koriander
1 TL gemahlener Kreuzkümmel
1 EL Zitronensaft
½ TL Salz
1 Prise Pfeffer
1–2 EL Mehl, z. B. Kichererbsenmehl, Dinkelmehl Type 630 oder Paniermehl
3–4 EL Sesamsamen
Öl zum Herausbraten

Für die Spieße:

1 Stück Salatgurke
½ gelbe Paprikaschote
½ orange Paprikaschote
½ rote Paprikaschote
einige Kirsch- oder Datteltomaten

1. Kichererbsen in ein Sieb geben, mit kaltem Wasser durchspülen und dann abtropfen lassen.
2. Petersilie waschen, trocken schütteln und fein hacken.
3. Zwiebel und Knoblauch abziehen und fein hacken.
4. Alle Zutaten für die Falafeln, bis auf das Mehl und die Sesamsamen, in eine Küchenmaschine geben und zu einer stückigen Masse zerkleinern. Bei Bedarf noch etwas Wasser hinzufügen. Falls die Masse zu klebrig ist noch etwas Mehl oder Paniermehl dazugeben. Dann für ca. 30 Min. in den Kühlschrank stellen.
5. Teigmasse mit angefeuchteten Händen zu Kugeln formen, in den Sesamsamen wälzen und diese gut andrücken.
6. Reichlich Öl in einer Pfanne erhitzen und die Falafeln von allen Seiten rundherum anbraten.
7. Auf ein Abtropfgitter geben oder auf Küchenpapier abtropfen lassen.
8. Gurke, Paprikaschoten und Tomaten waschen und abtrocknen.
9. Gurke in Scheiben schneiden. Paprikaschoten entkernen und in Rechtecke schneiden.
10. Die Spieße schön bunt mit Tomaten, Gurke, Paprika und den Falafelbällchen bestücken.

Tipp: Alternativ kann man die Falafeln auch im Backofen bei 190 °C Ober-/Unterhitze für ca. 20–25 Min. (zwischendurch mindestens 1 x wenden) oder in der Heißluftfritteuse (siehe Tipp auf **happyfitfood.de/zuckerfreikids**) 20 Min. bei 200 °C backen.

Frittataschnitten

FÜR 4–6 PORTIONEN / AUFLAUFFORM, CA. 25 × 20 CM

ZUTATEN

- 1 kleine rote Paprikaschote (ca. 100 g)
- 150 g Zucchini
- 150 g Blumenkohl
- ½ Bund Petersilie
- 7 Eier
- 100 ml Milch
- Salz, Pfeffer

1. Backofen auf 180 °C Ober-/Unterhitze vorheizen.
2. Gemüse und Petersilie waschen und abtrocknen.
3. Paprika entkernen, dann zusammen mit Zucchini in kleine Würfel schneiden.
4. Blumenkohl in kleine Stücke schneiden.
5. Petersilie fein hacken.
6. Eier mit Milch und Gewürzen verquirlen.
7. Gemüse und Petersilie untermengen.
8. Form mit Backpapier auslegen oder fetten. Die Mischung darin verteilen und für 15–20 Min. im Ofen backen.

Tipp: Schmeckt auch lecker z. B. mit Brokkoli und gekochten Erbsen oder man ersetzt einen Teil vom Gemüse durch Schinkenwürfel und gibt noch 2 EL geriebenen Parmesan hinzu. Alternativ kann man die Masse auch in Muffinförmchen füllen und als Eiermuffins backen.

Gemüse-Käse-Waffeln

FÜR CA. 10 KLEINE WAFFELN ODER 4 HERZWAFFELN

ZUTATEN

- 120 g Zucchini
- 1 Karotte (ca. 120 g)
- 50 g Käse, z. B. Emmentaler
- 1 Ei
- 120 g Mehl, z. B. Dinkelmehl Type 630
- 100 ml Buttermilch oder Pflanzendrink
- 1 TL Backpulver
- ½ TL Salz
- 1 Prise Pfeffer
- Öl zum Fetten des Waffeleisens

1. Zucchini und Karotten waschen, fein raspeln, in ein Küchentuch geben und die Flüssigkeit gut ausdrücken.
2. Käse reiben.
3. Ei, Mehl, Buttermilch und Backpulver verquirlen.
4. Zucchini, Karotte und Käse unterheben und mit Salz und Pfeffer würzen.
5. Waffeleisen fetten und 1 EL der Mischung in die Mulde geben, Waffeln ausbacken. Vorgang so lange wiederholen, bis der Teig aufgebraucht ist. Vor jedem Backen das Waffeleisen fetten.

Tipp: Nach Belieben variieren, z. B. Karotte durch Paprika ersetzen oder klein geschnittene Tomaten unterheben. Mit Schinken- oder Salamistücken und 1 Prise getrocknetem Oregano werden Pizzawaffeln daraus.

Süßkartoffel-Avocado-Burger

FÜR 2–3 PORTIONEN

ZUTATEN

1–2 Süßkartoffeln
2–3 EL Öl, z. B. Olivenöl
Salz, Pfeffer
Paprikapulver edelsüß
2 Avocados (jeweils ca. 130 g Fruchtfleisch)
100 g Naturjoghurt
1 EL Zitronensaft
einige Blätter frisches Basilikum (optional)

1. Backofen auf 200 °C Umluft vorheizen.
2. Süßkartoffeln waschen, schälen und in ca. 0,5–0,7 cm dicke Scheiben hobeln.
3. Backblech mit Backpapier belegen, die Scheiben darauf verteilen.
4. Öl und Gewürze vermischen und Süßkartoffelscheiben damit bestreichen.
5. In den Ofen geben und je nach Dicke der Scheiben ca. 15–20 Min. backen. Nach der Hälfte der Backzeit wenden und die obere Seite mit dem Öl-Gewürz-Gemisch einstreichen. Dann fertig backen.
6. Avocados halbieren, Kerne entfernen und Fruchtfleisch mit einem Löffel aus der Schale heben. Mit der Gabel grob zerdrücken. Joghurt und Zitronensaft hinzufügen, vermischen und alles mit Salz und Pfeffer abschmecken.
7. Nach Belieben Basilikum waschen, fein schneiden oder hacken und unter die Avocadocreme heben.
8. Avocadocreme jeweils auf eine Süßkartoffelscheibe streichen und mit einer weiteren Scheibe belegen.

Tipp: Dazu schmecken frische Snacktomaten.

Herzhafte Gemüse-Muffins

FÜR 12 STÜCK / MUFFINBLECH MIT 12 MULDEN ODER 12 SILKON-MUFFINFÖRMCHEN

ZUTATEN

- 1 kleine rote Paprikaschote (ca. 100 g)
- 300 g Zucchini
- 300 ml Buttermilch oder Pflanzendrink, z. B. Haferdrink
- 1 EL Essig, z. B. Apfelessig
- 60 ml Öl, z. B. Raps- oder Sonnenblumenöl
- 250 g Mehl, z. B. Dinkelvollkornmehl oder Dinkelmehl Type 630
- 1 TL Backpulver
- ½ TL Salz
- 1 Prise Paprikapulver edelsüß
- 1 TL getrockneter Oregano

1. Backofen auf 180 °C Umluft vorheizen.
2. Gemüse waschen und abtrocknen.
3. Paprika entkernen, dann zusammen mit Zucchini in kleine Würfel schneiden.
4. Buttermilch, Essig und Öl verquirlen.
5. Mehl, Backpulver, Gewürze und Oregano hinzufügen und glatt rühren.
6. Dann Gemüse untermengen.
7. Muffinblech fetten und Teigmasse in die Mulden verteilen.
8. Im Ofen ca. 25 Min. backen.

Tipp: Optional kann man dem Teig gehackte frische Kräuter wie Petersilie oder Oregano hinzufügen bzw. Sonnenblumen- und Kürbiskerne. Auch lecker: 50 g geriebenen Käse oder Schinkenwürfel in den Teig geben.

Spinat-Pancakes

FÜR CA. 6–8 STÜCK

ZUTATEN

- 60 g Blattspinat
- 150 ml Milch oder Pflanzendrink
- 1 Ei
- 1 Prise Salz
- 130 g Mehl, z. B. Dinkelvollkornmehl oder Dinkelmehl Type 630
- 2 EL Mineralwasser mit Kohlensäure
- Öl zum Ausbacken

1. Blattspinat putzen, waschen und abtropfen lassen.
2. Mit Milch, Ei und Salz in eine Schüssel geben und fein pürieren.
3. Mehl untermengen. Dann Mineralwasser hinzufügen und kurz durchrühren. Teig 5–10 Min. ruhen lassen.
4. Eine Pfanne mit Öl auspinseln. 4–5 Teigkleckse (jeweils 1–2 EL) in die Pfanne setzen und leicht platt drücken. Wer Spiegelei- oder Pancakeformen (Herzen, Kreise) zur Verfügung hat, kann die Formen in die Pfanne einsetzen und den Teig hineinfüllen. Sobald der Teig Blasen wirft und leicht gebräunt ist, wenden. Dann den Vorgang wiederholen und restliche Pancakes ausbacken.

Tipp: Dazu schmeckt z. B. klein geschnittenes Gemüse wie Paprika oder Tomaten und ein mit Salz und Pfeffer gewürzter Joghurt oder Kräuterquark (S. 91). Empfehlungen für Formen finden Sie auf happyfitfood.de/zuckerfreikids.

Kartoffeltaler

FÜR 6–8 STÜCK

ZUTATEN

- 500 g mehligkochende Kartoffeln
- 80 g Karotten
- 100 g Zucchini
- ½ kleiner Bund Petersilie
- 1 Ei
- 80–100 g feine Haferflocken
- Salz, Pfeffer
- Öl zum Braten, z. B. Rapsöl

1. Gemüse waschen und abtrocknen.
2. Kartoffeln schälen, in Würfel schneiden und in Salzwasser garen oder dämpfen. Dann abseihen und auskühlen lassen.
3. Karotten schälen und raspeln.
4. Zucchini ebenfalls raspeln, in ein sauberes Küchentuch geben und die Flüssigkeit gut ausdrücken.
5. Petersilie waschen, trocken schütteln und fein hacken.
6. Kartoffeln stampfen und mit den restlichen Zutaten verkneten. Mit 80 g Haferflocken beginnen, und wenn die Masse noch zu feucht ist, einige mehr beimengen.
7. Öl in einer Pfanne erhitzen. Kartoffelmasse zu 6–8 Talern formen und diese von jeder Seite 5–6 Min. braten.

Tipp: Die Haferflocken kann man auch vorher mahlen bzw. mit dem Handrührgerät zerkleinern. Anstatt in der Pfanne kann man die Kartoffeltaler auch im Ofen bei 180 °C Umluft ca. 25–30 Min. backen. Dazu auf ein mit Backpapier belegtes Backblech geben und nach etwa der Hälfte der Backzeit wenden. Die Taler sollten außen kross und innen weich sein. Achten Sie vor dem Essen darauf, dass die Taler nicht mehr zu heiß sind.

Süßkartoffelspiralen

FÜR 2 STÜCK

ZUTATEN

- 2 Süßkartoffeln
- 2–3 Öl, z. B. Olivenöl
- ½ TL Salz
- ½ TL Paprikapulver edelsüß
- ½ TL getrocknete Kräuter nach Belieben, z. B. Basilikum, Oregano, Rosmarin

1. Backofen auf 180 °C Umluft vorheizen.
2. Süßkartoffeln waschen, nach Belieben schälen. Dann durch einen geeigneten Spiralschneider drehen oder einen Schaschlikspieß durch die Süßkartoffel stecken und rundherum spiralförmig immer bis knapp vor dem Spieß einschneiden. Alternativ kann man die Süßkartoffel auch in feine Scheiben hobeln und diese dann mit etwas Abstand auf einen Spieß stecken.
3. Öl mit Gewürzen und Kräutern vermischen und die Spiralen damit bepinseln.
4. Auf ein mit Backpapier ausgelegtes Backblech geben und ca. 25–30 Min. backen.

Tipp: Die Spieße kann man auch in der Heißluftfritteuse backen (siehe Tipp auf **happyfitfood.de/zuckerfreikids**). Anstatt Süßkartoffeln eignen sich auch Kartoffeln. Dazu schmeckt zuckerfreier Ketchup (S. 93).

Blumenkohlkroketten mit Dip

FÜR 10–12 STÜCK

ZUTATEN

- 400 g Blumenkohl
- 1 Schalotte oder ½ Zwiebel
- ½ kleiner Bund Petersilie
- 50–70 g (gemahlene) Haferflocken
- 1 Ei
- 30 g geriebener Parmesan
- 60 g Käse, z. B. Emmentaler, gerieben
- Salz, Pfeffer
- 1 TL getrockneter Oregano

1. Blumenkohl putzen, waschen und in kleine Stücke schneiden. In einem Topf mit Salzwasser weich garen oder dämpfen. Wasser abgießen und Blumenkohl zerstampfen, dann abkühlen lassen.
2. Backofen auf 180 °C Ober-/Unterhitze vorheizen.
3. Schalotte abziehen und hacken.
4. Petersilie waschen, trocken schütteln und ebenfalls hacken.
5. Haferflocken ggf. mahlen oder zerkleinern.
6. Alle Zutaten vermengen. Mit 50 g gemahlenen Haferflocken beginnen. Falls die Masse noch zu feucht ist, weitere Haferflocken hinzufügen.
7. Die Mischung mit befeuchteten Händen zu Kroketten formen und auf ein mit Backpapier belegtes Backblech geben.
8. Im Ofen ca. 25 Min. backen.

Tipp: Dazu schmeckt ein mit Salz und Pfeffer gewürzter Naturjoghurt, Kräuterquark (S. 91) oder Ketchup (S. 93).

Fischküchlein

FÜR 6 STÜCK

ZUTATEN

250 g vorwiegend festkochende Kartoffeln
300 g Fischfilet, z. B. Kabeljau- oder Seelachsfilet
150 ml Milch
150 ml Wasser
2 Lorbeerblätter
1 Zweig Dill oder 1 TL getrockneter Dill
½ Bund frische Petersilie
1 kleine Frühlingszwiebel
50–80 g (gemahlene) Haferflocken
½ TL Senf mittelscharf
1 TL Zitronensaft
1 Ei
Salz, Pfeffer
1–2 EL Mehl, z. B. Dinkelmehl Type 630 oder Dinkelvollkornmehl (optional)
Öl zum Herausbraten

1. Kartoffeln waschen, schälen und klein schneiden. In Salzwasser garen oder dämpfen und dann stampfen und abkühlen lassen.
2. Fisch abspülen und trocken tupfen. Milch, Wasser und Lorbeerblätter in einen Topf geben, das Fischfilet hinzufügen und in ca. 10 Min. bei niedriger Hitze garen.
3. Fisch abtropfen lassen, Garwasser auffangen. Den Fisch mit einer Gabel in Stücke teilen, dann abkühlen lassen.
4. Dill und Petersilie waschen, trocken schütteln und fein hacken.
5. Frühlingszwiebel waschen, putzen und in Röllchen schneiden.
6. Kartoffelbrei und alle restlichen Zutaten vermengen. Mit 50 g Haferflocken beginnen und weitere Haferflocken oder 1–2 EL Mehl hinzufügen, falls die Masse noch zu klebrig ist. Dann für ca. 30 Min. kalt stellen.
7. Mit bemehlten Händen aus der Fischmasse 6 Küchlein formen.
8. Öl in einer Pfanne erhitzen und die Fischküchlein von beiden Seiten ca. 5 Min. knusprig braten. Bei Bedarf auf niedriger Hitze noch 2–3 Min. durchziehen lassen, bis sie gar sind.

Tipp: Dazu schmeckt mit Salz und Pfeffer gewürzter Joghurt oder Kräuterquark (S. 91).

Die Küchlein kann man auch im Ofen backen. Dazu auf 200 °C Ober-/Unterhitze vorheizen, auf ein mit Backpapier belegtes Backblech geben und ca. 20 Min. backen.

Auberginen-Piccolinis

FÜR 10–12 STÜCK

ZUTATEN

2 Auberginen
Salz, Pfeffer
1–2 TL Öl, z. B. Olivenöl
Belag nach Belieben, z. B.
1–2 Champignons;
2–3 Kirschtomaten;
30–50 g Käse, gerieben (z. B. Mozzarella)
2–3 EL passierte Tomaten oder Tomatenmark
1 Prise getrockneter Oregano

1. Backofen auf 200 °C Ober-/Unterhitze vorheizen.
2. Auberginen waschen, Strunk entfernen, dann in ca. 1–1,5 cm dicke Scheiben schneiden. Alle Scheiben salzen und nach ca. 20 Min. das ausgetretene Wasser mit Küchenpapier abtupfen.
3. Backblech mit Backpapier belegen, die Scheiben darauf verteilen und mit Olivenöl bepinseln. Im Ofen ca. 15 Min. backen.
4. Währenddessen den gewünschten Belag vorbereiten, z. B. Champignons und Tomaten waschen und abtrocknen. Champignons putzen und alles in Scheiben schneiden.
5. Passierte Tomaten mit Salz, Pfeffer und Oregano vermischen.
6. Auberginenscheiben aus dem Ofen nehmen und jeweils dünn mit Tomatensauce bestreichen. Mit den vorbereiteten Zutaten belegen.
7. In den Ofen schieben und in ca. 10 Min. fertig backen.

Tipp: Der Belag kann variiert werden, z. B. mit Schinken, Salami oder Paprika. Mit frischen gehackten Kräutern bestreuen. Anstatt Auberginen kann man auch Zucchini verwenden. Diese kann man ganz einfach belegen, in den Ofen schieben und in 10-15 Min. fertig backen.

Dinkelvollkorn-Laugengebäck

FÜR CA. 20 KLEINE TEILCHEN

ZUTATEN

- 300 g Dinkelvollkornmehl
- 200 g Dinkelmehl Type 630
- 7 g Trockenhefe oder 21 g Frischhefe
- 2 TL Salz
- 280(–300) ml Wasser, lauwarm
- 40 g weiche Butter oder Margarine oder Rapsöl
- Käse, gerieben, zum Bestreuen (optional)
- Saaten oder Kerne zum Bestreuen, z. B. Sesam- oder Chiasamen, Sonnenblumen- oder Kürbiskerne

Für die Lauge:

- 1 l Wasser
- 40 g Natron

1. Mehl, Hefe, Salz, 280 ml Wasser und Butter zu einem homogenen Teig vermischen. Bei Bedarf noch etwas Wasser hinzufügen, falls der Teig zu trocken ist.
2. Mit einem feuchten Küchentuch oder Frischhaltefolie abdecken und an einem warmen Ort mindestens 1 Stunde gehen lassen.
3. Dann in die gewünschte Form verkneten, z. B. kleine Brezen, Semmeln, Donuts, Schnecken oder Zöpfe. Für Zöpfe 3 gleich lange Stränge formen und diese verflechten. Für Schnecken ein Teigstück zu einer Rolle drehen und dann eng einrollen. Die Donuts kann man ebenso aus einer Teigrolle zusammenlegen und die Enden gut festdrücken oder ein Teigstück zu einer Kugel formen, platt drücken, in der Mitte ein Loch eindrücken und dieses mit den Fingern ausweiten.
4. Nochmals mit einem Küchentuch abdecken und gehen lassen, bis die Natronlauge fertig ist.
5. Für die Lauge Wasser und Natron in einen breiten Topf geben und aufkochen lassen, danach Hitze auf niedrige Temperatur stellen.
6. Mit einem Schaumlöffel einige Teilchen in den Topf legen. Mindestens 40 Sek. im Bad belassen, dann wieder mit dem Schaumlöffel herausnehmen und auf einem Kuchengitter abtropfen lassen. Auf ein mit Backpapier belegtes Backblech geben und nach Belieben mit Käse, Saaten oder Kernen bestreuen. Noch etwas ruhen lassen, bis der Backofen aufgeheizt ist.
7. Backofen auf 180 °C Umluft vorheizen, Teiglinge hineinschieben und je nach Größe 10–15 Min. backen.

Tipp: Zubereitung ohne Lauge auch möglich. Dazu vor dem Backen Wasser oder Eigelb mit 1 EL Milch verquirlen und das Gebäck damit bestreichen.

Karottenschnitten

FÜR CA. 20 STÜCK

ZUTATEN

- 130 g Karotten
- 100 g feine Haferflocken
- 50 g Vollkornmehl, z. B. Roggenvollkornmehl
- ½ TL Salz
- 1 TL Backpulver
- 1 TL getrockneter Oregano (optional)
- 30 ml Öl, z. B. Rapsöl
- 60–90 ml Wasser
- 2 EL Tomatenmark
- 50 g Kerne und Saaten nach Belieben, z. B. 15 g Sonnenblumenkerne, 20 g Kürbiskerne, 15 g Sesamsamen

1. Backofen auf 180 °C Ober-/Unterhitze vorheizen.
2. Karotten waschen, schälen und fein raspeln.
3. Trockene Zutaten vermengen, dann mit Öl, 60 ml Wasser und Tomatenmark zu einem Teig verrühren.
4. Karotten, Kerne und Samen unterheben und zu einer breiigen, zähen Masse verkneten. Bei Bedarf noch etwas Wasser hinzufügen. Dann etwa 1,5 cm hoch auf ein mit Backpapier ausgelegtes Backblech streichen (ca. 25 × 20 cm) und gut andrücken.
5. Im Ofen 25–30 Min. backen. Auskühlen lassen und in 20 Schnitten oder beliebige Größe schneiden.

Tipp: Dazu schmeckt Frischkäse, Käse oder anderer Belag. Oder einfach zu Gemüsesticks mit Kräuterdip essen. Man kann das Rezept beliebig variieren, z. B. Chiasamen, aber auch gehackten Walnusskerne, etwas geriebenen Parmesan oder frisch gehackte Petersilie unter den Teig mischen.

Linsenkroketten

FÜR 2–3 PORTIONEN

ZUTATEN

- 100 g rote Linsen
- 1 Schalotte oder ½ Zwiebel
- 3 Stängel Petersilie
- 40 g Weichweizengrieß
- 1 EL Tomatenmark
- 1 TL Zitronensaft
- Salz, Pfeffer
- gemahlener Kreuzkümmel

1. Linsen nach Packungsanleitung in 250 ml Wasser garen.
2. Währenddessen Schalotte abziehen und fein würfeln
3. Petersilie waschen, trocken schütteln und fein hacken.
4. Gekochte Linsen von der Herdplatte nehmen und Grieß einrühren, ca. 3 Min. quellen lassen.
5. Schalotte, Tomatenmark und Petersilie untermengen. Mit Zitronensaft, Salz, Pfeffer und Kreuzkümmel abschmecken, dann etwas abkühlen lassen.
6. Backofen auf 180 °C Ober-/Unterhitze vorheizen.
7. Linsen-Masse mit befeuchteten Händen in kleine Röllchen formen und auf ein mit Backpapier belegtes Backblech geben.
8. In den Ofen schieben und ca. 20 Min. backen. Nach der Hälfte der Backzeit einmal wenden.

Tipp: Dazu schmeckt mit Salz und Pfeffer gewürzter Joghurt oder Kräuterquark (S. 91).

Gefüllte Pfannkuchenröllchen

FÜR 3 PFANNKUCHEN / 20–30 RÖLLCHEN

ZUTATEN

Für die Pfannkuchen:

- 100 ml Milch
- 1 Ei
- 1 Prise Salz
- 50 g Mehl, z. B. Dinkelmehl Type 630 oder Dinkelvollkornmehl
- 2 EL Mineralwasser mit Kohlensäure
- Öl zum Ausbacken

Für den Belag:

- 100 g Snacktomaten
- einige Blätter Rucola
- 3 EL Frischkäse
- 3 Scheiben gekochter Schinken
- 3 dünne Scheiben Käse, z. B. Gouda

1. Milch, Ei und Salz verquirlen.
2. Mehl und Mineralwasser kurz unterrühren, dann Teig 5–10 Min. ruhen lassen.
3. Eine Pfanne mit Öl auspinseln. Circa 1/3 des Teiges mit einer Schöpfkelle in die Pfanne geben und Pfannkuchen von beiden Seiten herausbacken. Sobald der Teig Blasen wirft und leicht gebräunt ist, wenden. Dann Vorgang wiederholen und weitere 2 Pfannkuchen ausbacken.
4. Für den Belag Tomaten waschen, abtrocknen und halbieren.
5. Rucola waschen, verlesen und trocken schleudern.
6. Jeden Pfannkuchen mit jeweils 1 EL Frischkäse bestreichen, mittig mit 1 Scheibe Schinken und 1 Scheibe Käse belegen und Rucolablättern bestreuen. Die Tomatenhälften in die Mitte geben. Pfannkuchen aufrollen und in etwa 2 cm dicke Scheiben schneiden. Sie können mit kleinen Holzspießen aufgesteckt werden.

Tipp: Die Pfannkuchen kann man auch süß, z. B. mit Apfelmus oder Joghurt und frischen Beeren gefüllt, genießen.

Sesam-Vollkorn-Grissini

FÜR CA. 30 STÜCK

ZUTATEN

- 9 g Frischhefe oder 3 g Trockenhefe
- 120–150 ml lauwarmes Wasser
- 200 g Mehl, z. B. Dinkelvollkornmehl oder Dinkelmehl Type 630
- 2 EL Olivenöl oder Rapsöl
- 1 TL Salz
- 2 TL Tahin/Sesammus (optional)
- 3–4 EL Sesamsamen

1. Hefe in 120 ml lauwarmem Wasser auflösen.
2. Mehl hinzufügen und alles gut durchkneten.
3. Olivenöl und Salz und Tahin hinzufügen und zu einem glatten Teig verkneten. Bei Bedarf noch etwas Wasser hinzufügen, falls der Teig zu trocken ist. Zu einer Kugel formen, in eine Schüssel geben und mit Frischhaltefolie oder einem feuchten Küchentuch abdecken. Circa 1 Std. an einem warmen Ort gehen lassen, bis sich der Teig in etwa verdoppelt hat.
4. Backofen auf 200 °C Ober-/Unterhitze vorheizen.
5. Dein Teig nochmals durchkneten und ca. 1 cm dick ausrollen. Dann in 30 Stücke schneiden und diese jeweils zu dünnen Rollen formen. Je dünner die Rollen sind, desto knuspriger werden die Grissini. In Sesamsamen rollen und diese etwas andrücken.
6. Auf ein mit Backpapier belegtes Backblech geben und mit Wasser bepinseln.
7. Im Ofen 15–20 Min. backen.

Tipp: Grissini kann man auch ohne Sesam zubereiten oder mit Meersalz oder getrockneten Kräutern (z. B. Oregano oder Rosmarin) bestreuen und diese andrücken. Für eine Käse-Variante etwa 5 Min. vor Ende der Backzeit geriebenen Parmesan über die Grissini geben.

Saatencracker

FÜR 15–20 CRACKER ODER STÜCKE / CA. ½ BLECH

ZUTATEN

- 120 g geschrotete Leinsamen
- 120 ml lauwarmes Wasser
- 30 Sesamsamen
- 50 Kürbiskerne
- 30 g Sonnenblumenkerne
- 1 EL Tomatenmark
- 1 TL getrockneter Oregano
- ½ TL Salz

1. Backofen auf 160 °C Ober-/Unterhitze vorheizen.
2. Leinsamen in Wasser ca. 10 Min. quellen lassen.
3. Sesamsamen, Kürbiskerne und Sonnenblumenkerne in einer Schüssel vermischen. Dann gequollene Leinsamen und restliche Zutaten hinzufügen und mit den Händen verkneten. Falls der Teig zu trocken ist, noch etwas Wasser hinzufügen.
4. Die klebrige Masse auf ein mit Backpapier belegtes Backblech streichen (0,3–0,4 cm dick). Eine Stück Backpapier darauflegen und mit einem Nudelholz glatt rollen.
5. In den Ofen geben und ca. 15 Min. backen, dann herausnehmen und in die gewünschten Stücke schneiden, z. B. 4 × 3 cm.
6. Für weitere 5–10 Min. in den Ofen geben und fertig backen. Die letzten Minuten im Ofen immer etwas beobachten, um zu vermeiden, dass die Cracker anbrennen oder zu dunkel werden.

Tipp: Saaten und Körner nach Belieben verwenden, z. B. auch Mohn oder Chiasamen. Mit etwas Reibekäse vor dem Backen bestreuen, dann erhält man Käsecracker.

Die Cracker kann man ohne Beilage knabbern, zu Gemüse und Salat reichen oder z. B. in Kräuterquark (S. 91) dippen.

Tomaten-Schnecken

FÜR 15–20 STÜCK

ZUTATEN

- 9 g Frischhefe oder 3 g Trockenhefe
- 120–150 ml lauwarmes Wasser
- 200 g Mehl, z. B. Dinkelvollkornmehl oder Dinkelmehl Type 630
- 1 EL Olivenöl oder Rapsöl
- ½–1 TL Salz
- 3–4 EL passierte Tomaten oder Tomatenmark
- getrockneter Oregano
- 25 g Parmesan, gerieben
- 1 EL Butter (optional)

1. Hefe in 120 ml lauwarmem Wasser auflösen.
2. Mehl hinzufügen und alles gut durchkneten.
3. Olivenöl und Salz hinzufügen und zu einem glatten Teig verkneten. Bei Bedarf noch etwas Wasser hinzufügen, falls der Teig zu trocken ist. Zu einer Kugel formen, in eine Schüssel geben und mit Frischhaltefolie oder einem feuchten Küchentuch abdecken. Circa 1 Stunde an einem warmen Ort gehen lassen, bis sich der Teig in etwa verdoppelt hat.
4. Backofen auf 220 °C Ober-/Unterhitze vorheizen.
5. Teig dünn (ca. 0,3 cm) rechteckig ausrollen. Mit passierten Tomaten bestreichen und mit Oregano und Parmesan bestreuen. An einer langen Seite einen Rand von ca. 1,5 cm frei lassen und nicht belegen. Damit werden die Schnecken geschlossen und der Teig angedrückt.
6. Für ein einfacheres Aufrollen ist es besser, den Teig zu halbieren, also mittig (lange Seite) durchzuschneiden. Den Teig nun von der Seite mit Belag vorsichtig eng einrollen, den Rand (ohne Belag) gut festdrücken. Mit der anderen Teighälfte genauso verfahren.
7. Die Rollen jeweils mit einem scharfen Messer in 1–1,5 cm breite Scheiben schneiden und auf einem mit Backpapier ausgelegten Backblech gleichmäßig verteilen.
8. Butter schmelzen und Schnecken damit bestreichen.
9. Im Ofen ca. 12–15 Min. backen.

Tipp: Mit Cocktailtomaten servieren. Die Schnecken kann man nach Belieben auch herzhaft als Pizzaschnecke mit Schinken, Salami und Käse füllen oder süß mit zerlassener Butter und Dattelsüße (S. 90) und mit Zimt bestreut.

BASICS

DIPS, AUFSTRICH UND SÜSSE

Dattel- oder Aprikosensüße

FÜR CA. 120 G

ZUTATEN

100 g Soft-Datteln oder Soft-Aprikosen
4–6 EL Wasser

1. Soft-Datteln mit 4 EL Wasser pürieren, bei Bedarf noch etwas Wasser hinzufügen. Die Masse sollte zähflüssig sein.
2. Dann in ein Vorratsglas füllen.

Tipp: Dattelsüße hält sich im Kühlschrank etwa 2–3 Wochen. Sie kann als Industriezuckeralternative zum Süßen z. B. in Gebäck verwendet werden. Anstatt Soft-Datteln kann man auch getrocknete Datteln (ungeschwefelt, ungezuckert) verwenden. Diese sollte man dann in ein Glas oder eine Schüssel geben, abgekochtes Wasser einfüllen, bis sie vollständig bedeckt sind und für ca. 4–5 Std. einweichen. Wasser ausgießen und auffangen. Datteln in ein Rührgefäß geben und mit 2–4 EL des Einweichwassers pürieren. Dattelsüße ist ballaststoffreich und wirkt sich dadurch positiv auf den Blutzuckerspiegel und die Verdauung aus.

Kräuterquark

FÜR 3–4 PORTIONEN

ZUTATEN

- 1 Bund Schnittlauch
- 500 g Magerquark
- 100 g Naturjoghurt
- 1 kleine Knoblauchzehe (optional)
- Salz, Pfeffer

1. Schnittlauch waschen und trocken schütteln, dann in Röllchen schneiden.
2. Quark und Joghurt in einer Schüssel cremig rühren, Knoblauch hinzupressen und untermischen.
3. Mit Salz und Pfeffer abschmecken.

Tipp: Ideal als Dip beispielsweise für Gemüsesticks. Für Kinder Gemüse nach Belieben z. B. verschiedenfarbige Paprikaschoten, Stangensellerie oder Gurken in Streifen schneiden. Kräuterquark in ein Glas füllen und die Gemüsesticks hinzufügen.

Cashewcreme

FÜR CA. 250 G

ZUTATEN

250 g Cashewkerne
2 getrocknete Soft-Datteln

1. Backofen auf 170 °C Umluft vorheizen.
2. Cashewkerne auf ein mit Backpapier belegtes Backblech geben und gut verteilen. Circa 8–10 Min. rösten. Mindestens 1 x wenden und gut beobachten, damit sie nicht verbrennen.
3. Dann aus dem Ofen nehmen und auskühlen lassen.
4. Cashewkerne und Datteln in eine Küchenmaschine füllen und in ca. 10 Min. zu einer Creme verarbeiten. Evtl. die Küchenmaschine immer etwas abkühlen lassen und pulsartig pürieren. Es dauert einige Zeit, bis die gewünschte Konsistenz erreicht ist.

Tipp: Schmeckt lecker als Dip zu Obst oder als süßer Aufstrich. Süße kann man durch Zugabe von weiteren Datteln oder Dattel- oder Aprikosensüße (S. 90) noch anpassen.

Ketchup

FÜR CA. 400 G

ZUTATEN

- 1 kleine Zwiebel
- 2 Knoblauchzehen (optional)
- 1 EL Öl, z. B. Olivenöl
- 400 g stückige Tomaten (aus der Dose)
- 2 Lorbeerblätter
- 2 EL Apfelessig
- 1 EL Dattelsüße
- 1 TL Currypulver
- 1 TL Paprikapulver edelsüß
- je 1 Prise Salz und Pfeffer

1. Zwiebel und Knoblauchzehen abziehen und klein würfeln. Olivenöl in einem Topf bei mittlerer Hitze erwärmen. Zwiebel und Knoblauch darin anschwitzen.
2. Tomaten, Lorbeerblätter und Apfelessig hinzugeben und zum Köcheln bringen. Süße und Gewürze unterrühren und alles etwa 30 Min. lang bei geringer Hitze köcheln lassen.
3. Die Lorbeerblätter entfernen und Ketchup anschließend pürieren. Erneut abschmecken und gegebenenfalls nochmals nachwürzen. Noch heiß in ein sauberes Einmachglas oder eine Flasche füllen und gut verschließen. Ketchup komplett auskühlen lassen, ehe er im Kühlschrank aufbewahrt wird.

Tipp: Im Kühlschrank bis zu 2 Wochen haltbar.

Über die Autorin

Veronika Pichl ist Autorin zahlreicher Kochbücher und Ratgeber. Mit ihren Büchern und ihrem Blog-Magazin »HappyFitFood – Gesunde Ernährung mit Fun-Faktor« möchte sie ihre Leser zu einem gesünderen und glücklicheren Leben inspirieren.
Im riva Verlag sind bereits viele erfolgreiche Bücher von ihr erschienen. Sie lebt mit ihrem Mann und ihren beiden Kindern im schönen Mittelfranken. Mehr Infos zur Autorin und ihren Büchern finden Sie auf **www.veronikapichl.de.**
Im Blog-Magazin von Veronika Pichl auf **www.happyfitfood.de** erscheinen regelmäßig leckere Rezepte, Meal-Prep- und Lunchbox-Ideen. Außerdem gibt es wissenswerte Beiträge, um mehr Bewegung in den Alltag zu bringen und Kilos zu verlieren, aber auch Tipps, um seine Ziele zu erreichen – für eine nachhaltige Lebensweise und mehr Zufriedenheit im Leben.

Bonusmaterial zum Buch

Auf **happyfitfood.de/zuckerfreikids** habe ich Tipps und hilfreiche Downloads zur zuckerfreien Ernährung wie z. B. eine Liste mit über 50 Zuckerbegriffen zusammengestellt. Sie finden dort weitere leckere und gesunde Snack-Ideen für Kinder und meine persönlichen Empfehlungen zu verwendeten Produkten.

Herzliche Grüße
Veronika Pichl

Bildnachweis

Shutterstock.com:

S. 3 oben + S. 14 Mitte + unten rechts + S. 41: Olga Miltsova; S. 3 Mitte + S. 95: Svetography; S. 3 unten + S. 73: irina2511; S. 4 oben + S. 52 Mitte + S. 65: hadasit; S. 4 Mitte + S. 52 oben links + S. 59: Anastasia_Panait;
S. 4 unten + S. 52 oben rechts + S. 81: Karl Allgaeuer; S. 5: Irina Wilhauk; S. 6: Rimma Bondarenko; S. 7: maxim ibragimov; S. 8: rangizzz; S. 10: Petr Bonek; S. 13: Tatjana Baibakova; S. 14 oben links + S. 17: Anna Shepulova; S. 14 oben Mitte + S. 42: karins; S. 14 oben rechts + S. 37: Dina Photo
Stories; S. 14 Mitte links + S. 33: Radu Bercan; S. 14 Mitte rechts + S. 43:
Lacemi; S. 14 unten links + S. 23: NatalyaBond; S. 14 Mitte unten + S. 49: from my point of view; S. 19: natashamam; S. 21: Ksenija Toyechkina; S. 25: Agnes Kantaruk; S. 27: Elena Veselova; S. 29: Lanav; S. 31: etorres; S. 35: vm2002; S. 39: Anastasiia from Ukraine; S. 45: Liliya Kandrashevich; S. 47: Kyliki;
S. 48: Arina P Habich; S. 51: pbd Studio; S. 52 oben Mitte + S. 67: Wirestock Creators; S. 52 Mitte links + S. 61: grafvision; S. 52 Mitte rechts + S. 73:
irina2511; S. 52 unten links + S. 62: Amallia Eka; S. 52 unten Mitte + S. 83: Maria Kovalets; S. 52 unten rechts + S. 69: Nataliya Arzamasova; S. 55: zi3000; S. 57: kuvona; S. 63: Katarzyna Hurova; S. 71: Oksana Mizina; S. 75: grandbrothers; S. 77: olepeshkina; S. 79: ZAHRA22; S. 85: Ilaria13; S. 87: margouillat photo; S. 88 oben links + S. 88 Mitte rechts + S. 93: MariaKovaleva; S. 88 oben rechts + S. 88 unten rechts + S. 92: Ozgur Senergin; S. 88 Mitte links + S. 88 unten Mitte + S. 90: Aneliya Kalcheva; S. 88 Mitte + S. 91: Elena Shashkina; S. 88 oben Mitte + unten links: Rimma Bondarenko